Ausdauertraining zur Gewichtsabnahme nach drei Jahren Sportpause

Leistungsdiagnostik, Trainingsplanung, Mesozyklus

Dennis Minda

G R I N :-)

Bibliografische Information der Deutschen Nationalbibliothek:

Die Deutsche Nationalbibliothek verzeichnet diese Publikation in der
Deutschen Nationalbibliografie; detaillierte bibliografische Daten sind
im Internet über http://dnb.d-nb.de abrufbar.

ISBN: 9783346255945
Dieses Buch ist auch als E-Book erhältlich.

© GRIN Publishing GmbH
Nymphenburger Straße 86
80636 München

Druck und Bindung: Books on Demand GmbH, Norderstedt Germany
Gedruckt auf säurefreiem Papier aus verantwortungsvollen Quellen

Das Buch bei GRIN: https://www.grin.com/document/930137

Deutsche Hochschule für

Prävention und Gesundheitsmanagement

Hermann Neuberger Sportschule 3

66123 Saarbrücken

Einsendeaufgabe

Fachmodul:	Trainingslehre II
Studiengang:	Bachelor of Arts Fitnessökonomie
Datum Präsenzphase:	
Matrikelnummer:	
Name, Vorname:	Minda, Dennis
Studienort:	**Saarbrücken**
Semester:	**Wintersemester 2016**

Inhaltsverzeichnis

1 Diagnose

1.1 Allgemeine und biometrische Daten

Tabelle 1: Allgemeine und biometrische Daten

Alter	21 Jahre
Geschlecht	männlich
Körpergröße	182 cm
Körpergewicht	98 kg
Trainingsmotive	Gewichtsabnahme & Verbesserung des Fitnesszustands
Tätigkeit	Büroangestellter
Aktuelle sportliche Aktivität	Seit 3 Jahren keine
Frühere sportliche Aktivität	1-2mal pro Woche Walking im Wald (je 45 Minuten) in einer Hobbygruppe
Zeitlicher Verfügungsrahmen	3mal pro Woche (je 60-90 min)
Blutdruck	126/83 mmHg (Normalwert) Optimalwerte: <120/<80 mmHg Normalwerte: 120-129/80-84 mmHg
Ruhepuls	64 S/min (Normalwert) Normalwerte: 60-80 S/min
BMI	29,6 kg/m² (Übergewicht) Normalwert: 18,5-24,9 kg/m²
Körperfettanteil(KFA)	24% (grenzwertig) Normalwert: 8-20%
Orthopädische/ internistische Probleme	keine
Ärztliche Behandlung	keine
Medikamenteneinnahme	keine

Tabelle 2: Blutdruckklassifikation der American Heart Assosiation (modifiziert nach Mancia et al., 2013, S. 1286)

Bewertungsstufen	systolischer Blutdruck	diastolischer Blutdruck
	Normblutdruck (Normotonie)	
optimal	unter 120 mmHg	unter 80 mmHg
normal	unter 130 mmHg	unter 85 mmHg
hochnormal	130-139 mmHg	85-89 mmHg

	Bluthochdruck (arterielle Hypertonie)	
Stufe 1	140-159 mmHg	90-99 mmHg
Stufe 2	160-179 mmHg	10-109 mmHg
Stufe 3	>180 mmHg	> 110 mmHg

Tabelle 3: Beurteilung des Body-Mass-Indexes für Erwachsene (World Health Organization, 2000)

Klasse	BMI (kg/m²)
Untergewicht	<18,5
Normalgewicht	18,5-24,9
Übergewicht	25-29,9
Adipositas Grad I	30-34,9
Adipositas Grad II	35-39,9
Adipositas Grad III	>40

Tabelle 4: Klassifikation des Körperfettanteils (KFA) für Männer bis 79 Jahre (Gallagher et al., 2000)

Alter	KFA Männer			
(Jahre)	niedrig	normal	hoch	sehr hoch
20-39	< 8%	8-20%	20-25%	ab 25%
40-59	< 11%	11-22%	22-28%	ab 28%
60-79	< 13%	13-25%	25-30%	ab 30%

1.2 Leistungsdiagnostik/Ausdauertestung

IPN-Fahrradergometer-Ausdauertest (IPN-Test)

Der IPN-Test wurde für den Kunden gewählt, da bei diesem Testverfahren auch ohne vollständige Auslastung der Testperson das Ergebnis anhand von alters- sowie geschlechtsspezifischer Leistungsvorgaben ablesbar ist. Unter Angabe der biometrischen Parameter des Kunden wird die Zielherzfrequenz von 145 S/min festgestellt. Da der Kunde seit drei Jahren keinen Sport mehr betrieben hat gibt es laut Voreinstufung keinen Pulsaufschlag (Trunz, 2001; IPN, 2004, S. 4), so bleibt die Zielherzfrequenz bei 145 Schlägen in der Minute.

Tabelle 5: Voreinstufung nach Ruheherzfrequenz und Lebensalter (modifiziert nach Trunz, 2001; IPN, 2004, S. 4)

Alter/ Hf (Ruhe)	< 20	20-29	30-39	40-49	50-59	60-69	> 70
<50	140 S/min	135 S/min	130 S/min	125 S/min	115 S/min	110 S/min	105 S/min
50-59	145 S/min	140 S/min	135 S/min	125 S/min	120 S/min	115 S/min	110 S/min
60-69	145 S/min	145 S/min	135 S/min	130 S/min	125 S/min	120 S/min	115 S/min
70-79	150 S/min	145 S/min	140 S/min	135 S/min	130 S/min	125 S/min	120 S/min
80-89	155 S/min	150 S/min	145 S/min	140 S/min	135 S/min	125 S/min	125 S/min
>90	160 S/min	155 S/min	150 S/min	145 S/min	135 S/min	130 S/min	125 S/min

Das Belastungsschema des Kunden wird aus der dem Ergebnis der Zielherzfrequenz abgelesen. Das Belastungsschema nach Hollmann und Venrath wird erst ab einer Zielherzfrequenz von mindestens 150 S/min empfohlen, deshalb trifft das Schema nach WHO für den Kunden zu. Der WHO-Test beginnt mit einer Intensität von 25 Watt und wird alle 2 Minuten bei einer Trittfrequenz von 60-80 U/min wieder um 25 Watt gesteigert.

Tabelle 6: IPN-Testverfahren

Zeit (Minuten)	Trittfrequenz (U/min)	Watt	Herzfrequenz (S/min)
0:00-1:59	60-80	25	78-90
2:00-3:59	60-80	50	90-107
4:00-5:59	60-80	75	106-119
6:00-7:59	60-80	100	118-126
8:00-9:59	60-80	125	126-137
10:00-11:59	60-80	150	137-148

Der Kunde hat seine Zielherzfrequenz nach ungefähr 12 Minuten bei einer Belastung von 150 Watt erreicht. Aus dem Testergebnis berechnet sich die körpergewichtsbezogene

Wattleistung der Person von 1,53 Watt/ kg. Verglichen mit den Normwerten ist das Ergebnis des Kunden für einen 21-jährigen Mann sehr untrainiert.

Tabelle 7: Normtabelle für submaximale Radergometertests- Relative Watt- Soll- Leistung (Watt pro kg) bei Männern unter 30 Jahren (modifiziert nach IPN, 2004, S. 8)

Intensität	Wattleistung (Watt/kg)	Bewertung
0,5	1,45	☹☹
0,51	1,50	☹☹
0,52	1,55	☹☹
…	…	…
0,55	1,70	☹
0,56	1,75	☹
0,57	1,80	☹
…	…	…
0,6	2,00	Ø
0,61	2,20	Ø
0,62	2,40	Ø
0,63	2,60	☺
0,64	2,80	☺
0,65	3,00	☺
0,66	3,20	☺☺
…	…	…
0,69	3,80	☺☺
0,7	4,00	☺☺

Intensität= Intensitätsfaktor zur Berechnung der empfohlenen Trainingsherzfrequenz

1.3 Gesundheits- und Leistungsstatus der Person

Der Kunde hat kein gesundheitliches Problem, bis auf sein Übergewicht, deshalb ist er voll belastbar und trainierbar. Das Testergebnis zeigt, dass der Kunde vom Leistungszustand untrainiert ist.

2 Zielsetzung/Prognose

Tabelle 8: Zielsetzungen

Ziele	Ausmaß	Zeit
Körpergewichtsreduktion	- 5kg	10 Wochen
Senkung Körperfettanteil	- 2%	10 Wochen
Senkung Ruhepuls	- 2 S/min	4 Wochen

Hinsichtlich des Trainingsmotivs „Gewichtsreduktion" werden die Ziele Körpergewichtsreduktion und Senkung des Körperfettanteils angestrebt. Als Ausmaß wurden eine
Senkung des Körpergewichts um 5kg und eine Senkung des Körperfettanteils von 2% in
einem Zeitraum von 10 Wochen bestimmt. Durch die Senkung dieser Parameter würde
der Kunde mit seinen Werten in den Normbereich kommen. Die Senkung des Ruhepulses
wird durch den Wunsch eines besseren Fitnesszustands des Kunden definiert. Es ist mög-
lich innerhalb von zwei Wochen den Ruhepuls um einen Schlag in der Minute zu senken,
deshalb wird als Ausmaß für das Ziel eine Senkung des Ruhepulses um 2 S/min innerhalb
von 4 Wochen anvisiert. Diese Ziele gelten als realistisch, da der Kunde keine Beschwerden und gesundheitliche Beschwerden vorweist.

3 Trainingsplanung Mesozyklus

3.1 Grobplanung Mesozyklus

Tabelle 9: Grobplanung Mesozyklus

	Mesozyklus
Dauer	6 Wochen
Trainingsziel	Gewichtsreduktion
Trainingsumfang	2,5-3 Stunden
Trainingsmethode	• extensive Dauermethode(DM) • intensive Dauermethode(DM)
Belastungsintensität (in % von maximaler Herzfrequenz)	• 50-75% bei extensiver DM • 80-85% bei intensiver DM
Trainingshäufigkeit pro Woche	3mal pro Woche
Trainingsdauer pro Einheit	• 45-60 Minuten bei extensiver DM • 30 Minuten bei intensiver DM
Trainingsgeräte	Fahrradergometer, Crosstrainer & Laufband

3.2 Detailplanung Mesozyklus

Tabelle 10: Detailplanung Mesozyklus

Woche 1	Montag	Mittwoch	Freitag	Woche 2	Montag	Mittwoch	Samstag
Trainingsziel	Grundlagenausdauer 1 (GA 1)	GA 1	GA 1	Trainingsziel	GA 1	Grundlagenausdauer 2 (GA 2)	Regeneration & Kompensation (REKOM)
Trainingsmethode	Extensive DM	Extensive DM	Extensive DM	Trainingsmethode	Extensive DM	Intensive DM	Extensive DM
Trainingsintensität (in % von maximaler Herzfrequenz)	60- 65%	70-75%	60-65%	Trainingsintensität (in % von maximaler Herzfrequenz)	60-65%	80-85%	50-60%
Trainingsherzfrequenz (S/min)	Ca. 120-130 S/min	Ca. 140-150 S/min	Ca. 120-130 S/min	Trainingsherzfrequenz (S/min)	Ca. 120-130 S/min	Ca. 160-170 S/min	Ca. 100-120 S/min

Trainings-dauer	60 Minuten	45 Minuten	60 Minuten	Trainings-dauer	60 Minuten	30 Minuten	45 Minuten
Trainings-gerät	Fahrrader-gometer	Fahrrader-gometer	Fahrrader-gometer	Trainings-gerät	Fahrrader-gometer	Crosstrai-ner	Crosstrai-ner
Woche 3	Montag	Mittwoch	Samstag	Woche 4	Montag	Mittwoch	Samstag
Trainings-ziel	GA 1	GA 2	REKOM	Trainings-ziel	GA 2	GA 2	REKOM
Trainings-methode	Extensive DM	Intensive DM	Extensive DM	Trainings-methode	Intensive DM	Intensive DM	Extensive DM
Trai-ningsin-tensität (in % von ma-ximaler Herzfre-quenz)	60-65%	80-85%	50-60%	Trai-ningsin-tensität (in % von ma-ximaler Herzfre-quenz)	80-85%	80-85%	50-60%
Trainings-herzfre-quenz (S/min)	Ca. 120-130 S/min	Ca. 160-170 S/min	Ca. 100-120 S/min	Trainings-herzfre-quenz (S/min)	Ca. 160-170 S/min	Ca. 160-170 S/min	Ca. 100-120 S/min
Trainings-dauer	60 Minuten	30 Minuten	45 Minuten	Trainings-dauer	30 Minuten	30 Minuten	45 Minuten
Trainings-gerät	Crosstrai-ner	Laufband	Fahrrader-gometer	Trainings-gerät	Crosstrai-ner	Crosstrai-ner	Laufband
Woche 5	Montag	Mittwoch	Samstag	Woche 6	Montag	Mittwoch	Samstag
Trainings-ziel	GA 2	GA 2	REKOM	Trainings-ziel	GA 2	GA 1	GA 1
Trainings-methode	Intensive DM	Intensive DM	Extensive DM	Trainings-methode	Intensive DM	Extensive DM	Extensive DM
Trai-ningsin-tensität (in % von ma-ximaler Herzfre-quenz)	80-85%	80-85%	50-60%	Trai-ningsin-tensität (in % von ma-ximaler Herzfre-quenz)	80-85%	60-65%	60-65%
Trainings-herzfre-quenz (S/min)	Ca. 160-170 S/min	Ca. 160-170 S/min	Ca. 100-120 S/min	Trainings-herzfre-quenz (S/min)	Ca. 160-170 S/min	Ca. 120-130 S/min	Ca. 120-130 S/min
Trainings-dauer	30 Minuten	30 Minuten	45 Minuten	Trainings-dauer	30 Minuten	60 Minuten	60 Minuten
Trainings-gerät	Laufband	Crosstrai-ner	Laufband	Trainings-gerät	Laufband	Crosstrai-ner	Laufband

3.3 Begründung zum Mesozyklus

- Der angestrebte wöchentliche Belastungsumfang richtet sich am zeitlichen Ver-
fügungsrahmen des Kunden, er kann 3 Trainingseinheiten mit je maximal 60

Minuten absolvieren. Zudem erzielen mindestens 2-3 Trainingseinheiten pro Woche einen höheren Trainingsreiz als nur eine Einheit in der Woche.

- Im Mesozyklus werden zwei Trainingsmethoden durchgeführt, die extensive und intensive Dauermethode, damit der Körper des Kunden sich nicht nur an eine Trainingsmethode anpasst. Der Wechsel zwischen den Methoden ist dadurch begründet, dass der Kunde bei der intensiven Dauermethode seine Kondition und Leistungsfähigkeit steigern kann. Mit der extensiven Dauermethode wird der Fettstoffwechsel angeregt, da sich der Anteil von Muskelglykogen an der Energiebereitstellung bei zunehmender Belastungsdauer verringert und der Fettsäureanteil steigt (Holloszy et al., 1998, S. 1011). Zudem dient die extensive Dauermethode auch zur Regeneration der Belastung des intensiven Dauertrainings.

- Da der Kunde keinen Sport betreibt ist die erste Woche des Mesozyklus eine Einführungsphase und durch die gleiche Trainingsmethode und dem gleichen Ziel bei jeder Trainingseinheit für den Aufbau der Ausdauer verantwortlich. In der zweiten Woche hat de Kunde zwei extensive und eine intensive Trainingseinheit, da die erste Einheit den Fettstoffwechsel antreiben soll und durch die intensive Einheit nochmal die Verbesserung des Leistungszustands des Kunden im Fokus stehen. Die letzte Einheit in der Woche dient zur Regeneration und Kompensation des intensiven Trainings. Die dritte Woche im Mesozyklus hat den gleichen Aufbau und die gleichen Ziele wie die Vorwoche. In der vierten und fünften Woche liegt der Fokus auf der Verbesserung der Ausdauer und des Leistungszustands des Kunden, dadurch erkennbar, dass pro Woche zweimal nach der intensiven Dauermethode und einmal nach der extensiven Dauermethode trainiert wird. Hierbei dient die letzte Einheit in der Woche wieder zur Regeneration und Kompensation der vorherigen Trainingseinheiten. Diese Phase dient aber auch zur Verbesserung des Fettstoffwechsels, da es auch bei hohen Intensitätsbereichen auch zu einer hohen Fettstoffwechselaktivierung kommt (Gaessler, Meyer & Kindermann, 2005, S.265). In der letzten Woche des Mesozyklus ist die erste Trainingseinheit eine intensive Dauermethode um die Leistungsfähigkeit in der Ausdauer zu stärken, jedoch liegt hier der Fokus wieder auf den Fettstoffwechsel, indem die letzten zwei Einheiten im extensiven Bereich über eine lange Belastungsdauer gehen. In jeder Woche ist das primäre Ziel die Erhöhung des Grundumsatzes in Ruhe.

- Es werden drei Trainingsbereiche in diesem Mesozyklus angesteuert. Der erste Trainingsbereich erfordert eine hohe Belastungsdauert, da die Trainingsintensität relativ gering mit einem Wert von 60-75% der maximalen Herzfrequenz ist.

Durch dieses Training werden die Funktionen des Herz-Kreislauf-Systems und der Fettstoffwechsel verbessert. Im zweiten Trainingsbereich sind die Trainingsintensitäten sehr hoch und liegen zwischen 75-90% der maximalen Herzfrequenz. Die empfohlene Belastungsdauer liegt je nach Form der Belastung zwischen 20-60 Minuten (Hottenrott, 1997). Jedoch trainiert der Kunde mit einer Trainingsintensität zwischen 80-85% der maximalen Herzfrequenz, da Fette oberhalb von 90-95% der maximalen Herzfrequenz keine Rolle bei der Energiebereitstellung mehr spielen (Achten, Gleeson & Jeukendrup, 2002, S. 94). Dieser Bereich dient zur Weiterentwicklung der Grundlagenausdauer und Verbesserung der Ausdauerleistungsfähigkeit. Der letzte Trainingsbereich dient zur Regeneration und Kompensation der vorherigen intensiven Einheiten. Es wird mit geringer Intensität von 50-60% der maximalen Herzfrequenz trainiert (Hottenrott, 2006) und die Belastungsdauer geht nicht über 45 Minuten (Hottenrott, 1997, 2006).

- Zu Beginn wurde der Fahrradergometer für den Kunden ausgewählt, da er keine sportlichen Aktivitäten betreibt und sich an die Bewegung gewöhnen muss. Die Schwierigkeitsstufe wurde mit jeder Trainingswoche gesteigert und es wurde mehr auf dem Crosstrainer und dem Laufband trainiert. Der Kunde trainiert hauptsächlich mit dem Crosstrainer und dem Laufband, die Oxidation von Fettsäuren während des Laufens oder Walkings höher ist als beispielsweise beim Radfahren (Achten, Venables & Jeukendrup, 2003, S. 747).

4   Literaturrecherche

Tabelle 11: Literaturrecherche

Fragen	Studie 1	Studie 2
Wer hat die Studien durch-geführt?	Vassilis Anagnostou, Bettina Schaar	Jochen Steiniger, Annemarie Schneider, Sabine Bergmann, Michael Boschmann, Klaus Janietz
In welchem Jahr wurden die Studien durchgeführt?	2010	2009
Mit welchen Versuchspersonen wurden die Studien durchgeführt?	<ul><li>30 schwergewichtige Erwachsene (16 Frauen, 14 Männer)</li><li>18-45 Jahre</li><li>BMI ≥ 40 kg/m²</li><li>Keine koronare Herzerkrankung</li><li>Kein unkontrollierter Blutdruck</li><li>Keine orthopädischen Erkrankungen</li><li>Keine Einnahme Psychopharmaka/ Antihypertensiva</li></ul>	<ul><li>Gruppentherapien (je 15-20 Personen) über 28 Tage</li><li>5-6 Gruppen pro Jahr</li><li>Patienten wurden über Ärzte oder Polikliniken in die Klinik für Physiotherapie zur Gewichtsreduktion eingewiesen</li><li>BMI ca. 30-40 kg/m²</li></ul>
Wie sah der Versuchsaufbau der Studien aus?	<ul><li>26-wöchiges Ausdauertraining</li><li>Untersuchungen wurden vor und nach den 26 Wochen erhoben</li><li>Grundumsatz in Ruhe wurde mit Kilorimetrie (liegend) nach 12-Stunden-</li></ul>	<ul><li>Von 1974-1990 im Frühling/Herbst</li><li>Ca. 28 Tage pro Gruppe</li><li>Kombination aus Saftfasten, Physiotherapie und Ausdauertraining</li><li>Diät: Kohlenhydrate,</li></ul>

Nüchternheit bestimmt • Körperliche Leistungsfähigkeit mit portablem Spirometriegerät gemessen • Stufenförmiger Belastungstest (WHO-Belastungsschema) mit Fahrradspiroergometrie • Körpergewebszusammensetzung durch bioelektrische Impendanzanalyse gemessen • Submaximales extensives Ausdauertraining 3x/Woche (je 45-60 min), sowie funktionsgymnastische Übungen • Ersten 4 Wochen 2x/Woche betreutes Training durch Personaltrainer/in • In 6. und 7. Woche ein betreutes Training in der Woche • Ab 7. Woche, alle 3 Wochen ein betreutes Training • Trainingssteuerung durch Herzfrequenzmessung, Trainingsintensität:	Multivitaminpräparaten, Hefetrunk, Mineralwässern, Gemüsebrühen und Wasser (3 Liter) pro Tag • 6 Tage pro Woche Bewegungstherapie in Form von Langzeitausdauertraining (Fahrradtour) • 1.Woche: 25km/Tag • 2.Woche: 45km/Tag • 3.Woche: 60km/Tag • Geschwindigkeit ca. 15km/h • Belastung ca. 30-40% der maximalen Sauerstoffaufnahme • Am Nachmittag: 30-minütiges Krafttraining (10 Stationen) • Im Sommer und Winter oder Kontraindikation kein Ausdauer- und Krafttraining (Kontrollgruppe ohne Training)

	65-75% der maximalen Sauerstoffaufnahme • Ernährungstraining wurde angeboten	• 6 Tage pro Woche physiotherapeutische Behandlungen für alle Patienten
Welche relevanten Ergebnisse und Schlussfolgerungen lieferten die Studien?	• Frauen und Männer signifikante Reduzierung des Körpergewichts und BMI • Grundumsatz bei Männern signifikant gesunken und bei Frauen gleichgeblieben • Frauen und Männer starke Körperfettreduktion • Fettfreie Körpermasse bei beiden Gruppen gleichgeblieben • Muskelmasse bei Männern trotz weniger Körpergewicht aufrechterhalten, bei Frauen gesunken • Maximale Sauerstoffaufnahme bei Frauen gestiegen, bei Männern gleichgeblieben • Höhere Wattleistung bei beiden Gruppen	• Gewichtsverlust und Körperfettabnahme bei beiden Gruppen hoch, jedoch hat die Gruppe mit Training bessere Ergebnisse • Starke negative Stickstoffbilanz, vor allem bei Männern im Training • Ruhe-Nüchtern-Energieumsatz verringert sich bei beiden Gruppen, bei der Sportgruppe stärker • Fett- und Kohlehydratabbau bei Trainierten doppelt so hoch wie bei den Untrainierten • Blutglukose stabilisierte sich im Normalbereich; freie Fettsäuren stiegen in der ersten Woche an, aber fielen wieder in der Trainingsgruppe (bei keinem Training nicht); Glyzerol war

	• Umso weniger Muskelmasse, desto niedriger der Grundumsatz	in der Gruppe mit Training höher als in der ohne Training; Ketonkörper und Harnsäure-Konzentrationen stiegen am Anfang in der Trainings-gruppe aber fielen danach zum Aus-gangsniveau ab und bei den Untrai-nierten stieg es langsamer an aber hielt sich auf dem Niveau • Gruppe mit Trai-ning deutliche Ver-besserung in allen Übungen (eher Krafttraining) • Trainingsgruppe geringerer Anstieg von Herzfrequenz bei Belastung, bei den Untrainierten starker Anstieg • Ruheherzfrequenz bei Untrainierten gesunken und bei Trainierten nahezu unverändert • Blutlaktatwerte bei Trainierten gesun-ken und bei Untrai-nierten nahezu gleich

		• Stoffwechselparameter bei der Trainingsgruppe im Endtest deutlich besser als bei den Untrainierten

5 Literaturverzeichnis

Achten, J., Gleeson, M. & Jeukendrup, A. E. (2002). Determination oft he exercise intensity that elicts maximal fat oxidation. Medicine Science and Sports Exercise, 34 (1), 92-97.

Achten, J., Venables, M. C. & Jeukendrup, A. E. (2003). Fat oxidation rates are higher during runninng compared with cycling over a wide range of intensities. Metabolism, 52, 747-752.

Anagnostou, V. & Schaar, B. (2010). Effekte beim Grundumsatz nach einer Körpergewichtsreduktion durch extensives Ausdauertraining bei schwergewichtigen Frauen und Männern. Zugriff am 20.12.2017. Verfügbar unter http://www.schaar-science.de/files/2113/2767/7957/Effekte_beim_Grundumsatz_nach_einer_Krpergewichtsreduktion_durch_extensives_Ausdauertraining_bei_schwergewichtigen_Frauen_und_Mnnern.pdf

Gaessler, N., Meyer, T. & Kindermann, W. (2005). Ermittlung einer fahrradergometrischen Belastungsintensität mit maximaler Beanspruchung des Fettstoffwechsels. Deutsche Zeitschrift für Sportmedizin, 56 (7-8), 265.

Gallagher, D., Heymsfield, S. B., Heo, M., Jebb, S. A., Murgatroyd, P. R. & Sakatomo, Y. (2000). Healthy percentage body fat ranges: an approach for developing guidelines based on body mass index. American Journal of Clinical Nutrition, 72 (3), 694-701.

Holloszy, J. O., Kohrt, W. M. & Hansen, P. A. (1998). The regulation of carbohydrate and fat metabolism during and after exercise. Frontiers in Bioscience, 3 (15), 1011-1027.

Hottenrott, K. (1997). Ausdauertraining: intelligent, effektiv, erfolgreich. (4. Aufl.). Lüneburg: Wehdemeier & Püsch.

Hottenrott, K. (2006). Trainingskontrolle mit Herzfrequenz-Messgeräten. Aachen: Meyer & Meyer.

Institut für Prävention und Nachsorge (IPN). (2004). IPN- Test® -Ausdauertest für den Fitness- und Gesundheitssport. Köln: Institut für Prävention und Nachsorge.

Mancia, G., Fagard, R., Narkiewicz, K., Redon, J., Zanchetti, A., Böhm, M. et al. (2013). 2013 ESH/ESC Guidlines for the management of aterial hypertension. The task force for the Management of arterial Hypertension of the European 18/20 Society of Hypertension (ESH) and of the European Society of Cardiology (ESC). Journal of Hypertension, 31(7), 1281-1357.

Steininger, J., Schneider, A., Bergmann, S., Boschmann, M. & Janietz, K. (2009). Einfluss von therapeutischem Fasten und Ausdauertraining auf den Energiestoffwechsel und die körperliche Leistungsfähigkeit Adipöser. Zugriff am 21.12.2017. Verfügbar unter https://www.researchgate.net/profile/Jochen_Steiniger/publication/228873062_Einfluss_von_therapeutischem_Fasten_und_Ausdauertraining_auf_den_Energiestoffwechsel_und_die_korperliche_Leistungsfahigkeit_Adiposer/links/53ef1a540cf23733e812cdb5.pdf

Trunz, E. (2001). IPN-Test® - Ausdauertest für den Fitness- und Gesundheitssport. Köln, Institut für Prävention und Nachsorge.

World Health Organization. (2000). Obesity: Preventing and Managing the Global Epidemic - Report of a WHO Consultation. Preventing and Managing the Global Epidemic -Report of a WHO Consultation. Zugriff am 28.12.2017. Verfügbar unter http://www.lob.de/cgi-bin/work/suche2?titnr=210481803&flag=citav

6 Tabellenverzeichnis

BEI GRIN MACHT SICH IHR WISSEN BEZAHLT

- Wir veröffentlichen Ihre Hausarbeit, Bachelor- und Masterarbeit

- Ihr eigenes eBook und Buch - weltweit in allen wichtigen Shops

- Verdienen Sie an jedem Verkauf

Jetzt bei www.GRIN.com hochladen und kostenlos publizieren